WINSTON CHURCHILL

Sangre, sudor y lágrimas

Por Catherine Fontaine
En colaboración con Guillaume Hairy
Traducido por Laura Bernal Martín

Historia en50MINUTOS.es

WINSTON CHURCHILL

- **¿Nacimiento?** El 30 de noviembre de 1874 en Woodstock (Inglaterra).
- **¿Fallecimiento?** El 24 de enero de 1965 en Londres.
- **¿Principales aportaciones?**
  - Artífice de la paz durante la Segunda Guerra Mundial (1939-1945).
  - Defensor del prestigio inglés.
  - Excelente escritor que contribuye a escribir la historia y a quien se le concede el Premio Nobel de Literatura.

Winston Churchill, personaje pintoresco, ambicioso y combativo, es considerado uno de los jefes de Estado británicos más importantes del último siglo. Es conocido, sobre todo, por el papel que desempeña como primer ministro durante la Segunda Guerra Mundial, cuando anima a su nación y a los Aliados a seguir luchando, renunciando a abandonar un valor que considera esencial: la libertad. Sin embargo, su carrera política, que se extiende a lo largo de más de 50 años, es mucho más amplia y siempre está marcada por una férrea voluntad. Aunque muchos lo recuerdan como una persona respetada y admirada, su carácter le vale numerosas críticas, y sufre varios humillantes fracasos que lo apartan de la vida política de la época. No obstante, nunca se da por vencido y siempre se enfrenta a la adversidad.

Además de hombre de acción, Churchill es un magnífico orador, hábil con las palabras no solo en la expresión oral, sino también en la escrita. Lo demuestra su importante producción literaria, que recoge tanto discursos apasionados como obras históricas en las que los hechos se acompañan de un sólido análisis personal. Porque Churchill siempre se preocupa por desempeñar un papel en la historia y por forjarse él mismo parte de su imagen. Por todo ello, deja huella en su época y, aun después de su muerte, el «viejo león», como le apodaron algunos, sigue fascinándonos.

BIOGRAFÍA

Retrato de Winston Churchill realizado por Yousuf Karsh.

EL CAMINO TRAZADO POR UN JOVEN ARISTÓCRATA

Winston Leonard Spencer Churchill nace el 30 de noviembre de 1874 en el castillo de Blenheim, en Woodstock. Hijo de una estadounidense y de un descendiente del prestigioso linaje de los duques de Marlborough, el joven crece en un ambiente patricio fastuoso y mundano. A menudo se siente abandonado por sus padres, demasiado ocupados con la política y con sus obligaciones sociales, y su infancia trascurre al lado de su adorada niñera, Elizabeth Everest.

Cuanto tiene unos 15 años, Churchill debe que elegir su camino. Sin embargo, para un joven aristócrata las posibilidades no son muchas: la Iglesia, el derecho o el ejército. Como sus resultados escolares son bastante mediocres, su padre decide que realice una carrera militar y le envía al Royal Military College de Sandhurst. Por suerte, esta es la opción que menos le disgusta, porque le promete la aventura que tanto busca. Se acostumbra rápidamente a la vida en el cuartel y obtiene el rango de subteniente. En 1895, tanto la culminación de su formación como la muerte con solo 46 años de su padre y la de su niñera marcan el fin de su infancia.

Los años siguientes se dividen entre su vida de militar y las misiones como periodista. Los artículos que redacta no solo le permiten ganar dinero, sino también forjarse una cierta reputación. Participa en las distintas guerras coloniales inglesas en la India, en Sudán y en Sudáfrica.

LOS INICIOS DE UNA LARGA CARRERA POLÍTICA

Cuando regresa de África, Churchill es acogido como un héroe. Aprovechándose de este creciente éxito y decidido a desarrollar una carrera en la política, se presenta a las elecciones legislativas de octubre de 1900 y es elegido diputado conservador de Oldham (Manchester). Sin embargo, en 1904, cuando el tema de la vuelta al proteccionismo está a la orden del día, Churchill, ferviente defensor del librecambismo, se une a las filas de los liberales.

PROTECCIONISMO ECONÓMICO *VERSUS* LIBRECAMBISMO

Para un Estado, una política proteccionista consiste en proteger a sus productores de la competencia extranjera. En la práctica, esta medida disuade la importación –gracias principalmente a las tasas aduaneras—, estimula la exportación, privilegia a los productores nacionales e impide que los inversores extranjeros tengan demasiado control sobre las empresas nacionales. Por el contrario, el librecambismo preconiza el comercio internacional, abriendo las fronteras entre los distintos Estados en aras de una mayor circulación de bienes y servicios, y estimulando la competencia y el reparto de trabajo entre los países.

En 1905, Churchill abandona el Parlamento para sumarse al Gobierno después de ser nombrado subsecretario de Estado para las Colonias. En 1908, se convierte en el presidente del Board of Trade (ministro de Comercio y de Industria) por dos años: con 33 años, es el miembro más joven del gabinete en el último medio siglo. A continuación, de 1910 a 1911, ocupa el puesto de Home Secretary (ministro de Interior). Su avance es fulgurante y su política de reformas cosecha un gran éxito. A pesar de que su educación nunca le indujo a ello, se muestra sensible a la cuestión social, y origina varias propuestas de ley que imponen principalmente un salario mínimo y la creación de bolsas de empleo para ayudar a los desempleados. Asimismo, participa en el *National Insurance Act* de 1911, que sienta las bases de la seguridad social en Inglaterra. Estas medidas, sin embargo, le harán ganarse la enemistad de la aristocracia.

¿Y SENTIMENTALMENTE?

También en esta época conoce a Clementine Hozier (1885-1977), que se convertirá en su mujer. Su historia podría no haber existido nunca, ya que se conocieron por primera vez en una cena a la que Churchill fue invitado *in extremis*, sustituyendo a un invitado que no podía asistir y para evitar ser 13 en la mesa. Seis meses más tarde, el 12 de septiembre de 1908, se casan en la iglesia de Westminster. La pareja tendrá cinco hijos. En 1922, tras el nacimiento de su última hija, compran la mansión de Chartwell, situada en el condado de Kent, a la que Churchill se mostrará muy apegado y en la que vivirá hasta su muerte.

El Sr. y la Sra. Churchill, foto de 1915.

Lady Churchill es, sin lugar a dudas, una importante fuente de equilibrio y un gran apoyo para su marido a lo largo de toda su carrera. De carácter más suave y temperado, le ayuda a moderar sus posturas. Forman una pareja sólida, a pesar de las tensiones que surgen debido a sus caracteres, muy diferentes.

EL DESASTRE DE LA EXPEDICIÓN DE LOS DARDANELOS

La situación en Europa occidental es crítica: el heredero al trono de Austria, Francisco Fernando (1863-1914), es asesinado por un joven nacionalista serbio el 28 de junio de 1914 y, escasamente un mes más tarde, Austria le da un ultimátum a Serbia. Aunque la tensión no cesa de aumentar hasta el punto de que se teme que estalle la guerra, los conservadores están decididos a conservar la paz, al contrario que Churchill, que es un hombre de acción y está listo para participar en el conflicto. Inglaterra entra en guerra el 4 de agosto, como respuesta a que Alemania no respetase la neutralidad belga. Churchill es entonces Primer Lord del Almirantazgo (órgano político y administrativo que dirige a la Royal Navy) y destaca por sus grandes ansias de victoria, lo que a algunos les llevará a pensar que es belicoso.

Durante la Primera Guerra Mundial (1914-1918), el acontecimiento más importante para Churchill es su participación en la expedición de los Dardanelos, que tiene como objetivo hacerse con el control del estrecho que lleva ese nombre (en la actual Turquía), un punto estratégico que se encuentra en manos del Imperio otomano. Pero la falta de preparación de los Aliados hace que la misión fracase por completo, cobrándose muchas víctimas y obligándoles a retirar sus tropas de la región. Churchill, que se había implicado en cuerpo y alma en el plan, es considerado el principal responsable de la derrota. En noviembre de 1915, muy criticado y habiendo perdido el apoyo de la opinión pública, se ve obligado a retirarse del gobierno. Abatido, se va a combatir al frente occidental durante varios meses.

EL PERÍODO DE ENTREGUERRAS Y EL REGRESO A LA ESCENA POLÍTICA

Churchill vuelve a incorporarse a la escena política como ministro de Armamento en 1917, a pesar de una airada oposición. A continuación se convierte en ministro de Guerra, del Aire, y después, en 1921, de las Colonias. Entonces, preconiza una firme oposición al bolchevismo que causa estragos en Rusia y desea que se intervenga, al contrario que el primer ministro.

El bolchevismo

En febrero de 1917, después de dos años de guerra, Rusia está muy debilitada. Estallan motines y el zar se ve obligado a abdicar. En esta confusión general, el Partido Bolchevique destaca por su firme postura y se aprovecha de la debilidad del gobierno provisional para intentar dar un golpe de Estado (la Revolución de Octubre). Lenin (1870-1924), que toma el mando del país, pone fin a la guerra con Alemania e instaura un régimen de terror. Cuando las tropas francesas, británicas y americanas llegan para prestarle apoyo a los contrarrevolucionarios rusos que se oponen a él, logra conservar el poder, y la situación rusa no deja de empeorar. La represión será aún más dura con su sucesor, Stalin (1878-1953). Occidente no puede permitir que haya un régimen tan antidemocrático y que, además, intente someter a todos los países del Este a su control.

La tenacidad y la energía con las que se opone al bolchevismo le sitúan al margen de los liberales. Por eso, en 1924 vuelve a las filas de los conservadores como diputado y, después, como canciller de la Hacienda (ministro de Finanzas) —la función más importante después de la de primer ministro— del gabinete de Stanley Baldwin (1867-1947) hasta 1929. Continúa con su política social y propone algunas medidas, como un ajuste de los impuestos a favor de los más desfavorecidos, así como una mejora de los seguros sociales. Sin embargo, después de la guerra, la situación económica de Inglaterra no es demasiado buena. Además, su falta de conocimientos sobre el asunto le lleva a tomar malas decisiones, como la vuelta al patrón oro —para la que, sin embargo, consultó a varios especialistas antes de pronunciarse— que genera una importante deflación y una bajada de los salarios.

EL PATRÓN ORO

El sistema del patrón oro es un sistema monetario que se basa en el oro, cuyo valor no varía. La equivalencia entre dos monedas diferentes se calcula sobre la base del valor de este metal precioso y, por tanto, las tasas de cambio son estables.

En 1929, la derrota de los conservadores le obliga a retirarse de nuevo de la vida política. Aprovecha para dedicarse a sus grandes pasiones: la pintura, la escritura y la historia. En junio de 1915, en plena depresión, Churchill descubrió los beneficios de la primera. En seguida, su pasatiempo se convierte en una actividad salvadora: la concentración que requiere se convierte en un remedio para la desesperanza y al agotamiento hasta el final de sus días. Incluso reflexiona sobre esta actividad y el bienestar que le produce, y recoge sus pensamientos en un ensayo, *Painting as a Pastime* (1932). Sus cuadros, que a menudo representan paisajes, revelan un cierto talento, lo que le lleva a exponer algunos de ellos en salones, principalmente bajo el nombre de Charles Morin, un pintor que había fallecido poco tiempo antes y cuya obra presentaba aspectos semejantes a la suya. Juzgada mediocre durante mucho tiempo, la producción pictórica churchilliana es rehabilitada a finales del siglo XX gracias, sobre todo, a una exposición que se le dedicó en Londres en 1998.

LA SEGUNDA GUERRA MUNDIAL: EL APOGEO DE SU CARRERA

El 1 de septiembre de 1939, Polonia es invadida por la Alemania nazi. Inglaterra, garante de las fronteras polacas, le envía un ultimátum, pero Adolf Hitler (1889-1945) se niega a retirar sus tropas del país. Dos días más tarde, Inglaterra entra en guerra, seguida rápidamente por otras grandes potencias europeas.

Invasión de Polonia en septiembre de 1939.

A pesar de su impopularidad, Churchill es llamado al gobierno de nuevo como Primer Lord del Almirantazgo. Retoma su puesto con gusto y dedica toda su energía a la causa. Por su parte, el primer ministro Neville Chamberlain

(1869-1940), que no parece hecho para dirigir un país en guerra, dimite en mayo de 1940. Le sucede Churchill, que presenta más el perfil de líder que se necesita para la misión. Se convierte enseguida en la figura principal de los Aliados, animando no solo a sus compatriotas, sino también a los otros beligerantes en el combate que llevan a cabo juntos contra Alemania, y movilizando a la resistencia. El discurso que pronuncia en la Cámara de los Comunes el 4 de junio de 1940 refleja perfectamente su espíritu combativo y su voluntad de no ceder nunca:

> «Aunque lleve años, aunque estemos solos [...] no vamos a flaquear, no vamos a fracasar. Aguantaremos hasta el final, [...] combatiremos en los mares [...], combatiremos cada vez con mayor confianza y fuerza en el aire, defenderemos nuestra isla a cualquier precio [...]; nunca nos rendiremos»[1] (Churchill 2009, 87-89).

Churchill se presenta realmente como la persona indicada para esa situación. Creyendo que está en juego su destino, quiere estar presente en todos los frentes y se apoya en los medios de comunicación para que difundan ampliamente su imagen, dotándolo así de un aura legendaria.

LA POSTGUERRA Y EL DECLIVE

Cuando la guerra termina, el gobierno de coalición formado por Churchill ya no tiene razón de ser, por lo que se disuelve. Un gobierno conservador de transición se encarga de organizar unas elecciones que Churchill espera ganar para poder

---

1. Cita traducida por 50Minutos.es

recuperar de manera oficial el poder que se había ganado dadas las circunstancias en 1940. Pero basa su campaña en el papel que ha desempeñado durante los pasados cinco años, mientras que el Partido Laborista opta por un programa centrado en la reconstrucción de la sociedad, lo que coincide con las esperanzas de los electores. Es nuevamente vencido y relegado a la oposición.

Apartado del poder, Churchill se propone la misión de analizar la situación actual basándose en su amplia experiencia con el objetivo de conservar una Europa unida. Alerta entonces del peligro que representa el totalitarismo de la URSS, que amenaza la paz internacional, y advierte a todo el mundo del mismo. Destaca en este sentido un famoso discurso pronunciado en Fulton (Estados Unidos) el 5 de marzo de 1946: «Desde Stettin, en el Báltico, hasta Trieste, en el Adriático, ha caído sobre el continente europeo un telón de acero»[2] (Bédarida 1999, 429)

EL «TELÓN DE ACERO»

En realidad, la expresión «telón de acero» es anterior al discurso de Churchill. En los años veinte, en la URSS, ya la empleó una política británica para designar los límites occidentales del territorio bolchevique y, más tarde, en 1940, el ministro rumano de Asuntos Extranjeros, cuyo país era víctima de la alianza entre Hitler y Stalin. El propio Churchill la mencionó en varias ocasiones: en dos telegramas al presidente estadounidense Harry

---

2. Cita traducida por 50Minutos.es

Truman (1884-1972) el 12 de mayo y el 4 de junio de 1945, y cuando tomó la palabra en la Cámara de los Comunes el 16 de agosto de ese mismo año.

En octubre de 1951, las elecciones legislativas llevan al poder a los conservadores y a su líder, Churchill. Al contrario de lo que algunos aseguran, el viejo león sigue siendo capaz de dirigir un gobierno. La situación de Inglaterra ha mejorado, lo que le permite dedicarse a la política exterior y, más en concreto, a tres puntos que le interesan: la mejora de los contactos con los Estados Unidos, la descolonización y la distensión con el bloque del Este para instaurar una paz internacional.

A pesar de un comienzo de mandato positivo, Churchill es muy criticado y, ahora que no tiene un gran combate a la vista, deja de ser considerado como el hombre del momento. Además, en 1955, su estado de salud empeora y decide cederle el sitio a Anthony Eden (1897-1977) para regresar de nuevo a sus dos pasiones: la escritura y la pintura. Pero antes de abandonar su puesto, recibe de la reina de Inglaterra el título más alto de las órdenes de caballería, el de la Jarretera.

Churchill muere el 24 de enero de 1965 como consecuencia de una hemorragia cerebral. Hasta el final de sus días, es un hombre de carácter, que no perdona nada ni a nadie. Son muchos los que le rinden homenaje en su funeral de Estado.

¿SABÍAS QUE...?

Antes de Churchill, solo cuatro plebeyos ingleses tuvieron derecho a un funeral de Estado: el almirante Horatio Nelson (1758-1805), el político William Pitt el Joven (1759-1806), el primer duque de Wellington (1769-1852), vencedor de Napoleón I (1769-1821) en Waterloo, y el primer ministro William E. Gladstone (1809-1898). Churchill fue el único en obtener este privilegio en el siglo XX.

CONTEXTO

EL SISTEMA POLÍTICO INGLÉS

En Inglaterra, hasta 1900, el poder está repartido entre el Partido Conservador y el Partido Liberal, que encabezan sucesivamente el Parlamento. Pero a principios del siglo XX aparece el Partido Laborista, que gana progresivamente importancia hasta el punto de tomarle la delantera al Partido Liberal a partir de los años veinte. El sistema de escrutinio que tiene lugar en la época —el escrutinio uninominal mayoritario a una vuelta— hace que los gobiernos de coalición sean escasos: de hecho, los electores solo pueden votar a un candidato de una lista, lo que suele dar lugar a la amplia mayoría para uno de los partidos. A pesar de su importancia en la política inglesa, Churchill no está totalmente de acuerdo con ningún partido, cambiando en varias ocasiones de bando según las circunstancias y sumándose al partido en mejores condiciones para defender sus condiciones.

El poder legislativo le pertenece al Parlamento, formado por la Cámara de los Lores y por la Cámara de los Comunes. El poder ejecutivo está en manos del Gobierno, presidido por el primer ministro, que está acompañado de un gabinete formado por 22 ministros. Los miembros del Gobierno también se hallan en una de las dos Cámaras.

EL FIN DE LA INGLATERRA ARISTOCRÁTICA

Churchill vive en una época de transición. Nacido en el seno de una familia aristocrática, es educado según los valores de la vieja Inglaterra, en la que se le da una gran importancia al poder de la tierra y a la economía agrícola. Pero la Primera Revolución Industrial (1750-1850) altera el paisaje social inglés y, a partir del siglo XIX y reforzada por una explosión demográfica, gana terreno la clase obrera, que se encuentra en las antípodas de la aristocracia territorial. Los trabajadores, que se concentran en las ciudades, donde están las fábricas, desean alcanzar el nivel de vida burgués aunque no disponen de los mismos medios. La importancia que gana poco a poco esta nueva clase en la esfera social y su deseo de expresar sus reivindicaciones lleva a la sociedad a democratizarse y marca el fin de la Inglaterra aristocrática.

Además, aunque en el siglo XIX es la primera potencia industrial mundial, en el siglo siguiente Inglaterra se ve superada por los Estados Unidos y alcanzada por Alemania. Hasta el momento había seguido una política calificada como «espléndido aislamiento», consistente en mantenerse al margen de los asuntos internacionales y concentrarse en los intereses de la nación, pero la puesta en duda de la superioridad inglesa la fuerza a revisar su postura y a volver su atención a los otros países.

EL FIN DEL IMPERIALISMO BRITÁNICO

Churchill se enfrenta a otro gran cambio a lo largo de su vida. Cuando nace, Inglaterra es una importante potencia colonial con un imperio que se extiende hasta la India, Canadá, Australia y Nueva Zelanda, además del continente africano. Estos numerosos territorios, que cuentan en su mayoría con salida al mar, le confieren una clara ventaja en el plano internacional. Su potencia naval es incontestable, lo que explica la importancia que los británicos le dan a la Royal Navy y el prestigio que acompaña al puesto de Primer Lord del Almirantazgo.

Pero después de la Segunda Guerra Mundial, el mundo conoce un proceso de descolonización general, e Inglaterra figura entre las primeras naciones que se desprenden de sus colonias. De hecho este será el tema central del segundo mandato de Churchill, que desea mantener la potencia internacional de su patria.

MOMENTOS CLAVE

EL CARÁCTER DE UN LUCHADOR

Winston Churchill, un hombre combativo que cuenta con un carácter impetuoso y a menudo imprevisible, logra muchos éxitos pero también cosecha grandes fracasos. Sus tres intentos de entrar en la escuela militar, el desastre de la expedición de los Dardanelos o incluso sus múltiples retiradas forzadas de la escena política son los ejemplos más significativos de los obstáculos que se interponen en su camino. Pero siempre encuentra la fuerza necesaria para levantarse, movido por una voluntad de hierro. «Nunca abandones [...] nada, excepto cuando el honor y la razón lo exijan»[3] (extraído del discurso pronunciado el 29 de octubre de 1941 en la Harrow School, Churchill 2009, 259).

UN VALIENTE CORRESPONSAL DE GUERRA

Desde muy temprana edad, Churchill busca acción y aventura. Está convencido de que para triunfar en política es necesario brillar primero en el campo de batalla y, por ello, aprovecha todas las ocasiones que se le presentan. Es enviado a la India en 1896 a un puesto apartado de Bangalore, y lleva una vida tranquila en la guarnición que no le agrada demasiado. Entonces pide que le trasladen al noroeste del país, donde tiene lugar la represión de tribus indígenas. Llega como corresponsal de guerra, pero eso no le impide participar en los combates, en los que destaca por

---

3. Cita traducida por 50Minutos.es

su audacia y su valentía.

Cuando se entera de que se está preparando una expedición anglo-egipcia para conquistar Sudán desde Egipto, pide participar en la misma y embarca hacia África, donde participa en la batalla de Omdurmán (2 de septiembre de 1898), en la que vence la alianza anglo-egipcia.

En 1899, la situación en Sudáfrica tras el descubrimiento de minas de oro es explosiva, y Churchill se dirige a este país para defender los intereses de su patria. Llega al Cabo para cubrir los combates como corresponsal de guerra de *The Morning Post* pero, nada más llegar, es capturado por los bóers. Logra escapar después de un mes de cautividad, le comunica a su periódico sus aventuras y se va a Mozambique para unirse al regimiento de caballería ligera sudafricana como teniente. Su valentía en el campo de batalla, a la que se añade su heroica huida, le forjan una sólida reputación. En julio de 1900, cuando vuelve a Inglaterra, decide aprovechar su recién adquirida fama para iniciar su carrera política bajo mejores auspicios que antes de marcharse, cuando, de hecho, no había logrado que le eligieran diputado.

La Guerra de los Bóers (1899-1902)

Inglaterra, en su voluntad de dominar el continente africano, se enfrenta a los Estados bóers del Transvaal y del Orange, gobernados por los descendientes de los primeros colonos holandeses que se habían instalado en esas tierras. El descubrimiento de importantes minas de oro en 1886 suscita aún más la codicia de

Inglaterra. Tras años de negociaciones y de intentos de presión sobre los Estados bóers, la guerra estalla el 11 de octubre de 1899. Los británicos se ven obligados a emplear grandes medios para enfrentarse a las tácticas de guerrilla de sus adversarios. Después de tres años de lucha, estos acaban por capitular tras perder numerosos hombres. El 31 de mayo de 1902 firman el Tratado de Vereeniging, en el que reconocen la soberanía de Inglaterra, pero que les concede un gobierno autónomo, así como garantías políticas y económicas.

EL PRIMER MINISTRO EN LA TEMPESTAD

Retirado del poder en 1929, Churchill vive un largo período apartado de la vida pública en el que no deja de seguir la actualidad política y los asuntos extranjeros. En 1933, presiente que la ascensión al poder de Hitler tendrá consecuencias decisivas en las relaciones internacionales y se muestra muy preocupado. A partir de ese momento, se vuelve defensor del rearme para garantizar la seguridad colectiva, pero son pocos los que le prestan atención. Cuando el Führer convierte Alemania en un Estado totalitario, el primer ministro, Neville Chamberlain, sigue llevando a cabo una política de *appeasement*, cuyo principal objetivo es mantener la paz. Esto le lleva a realizar concesiones cada vez más importantes para evitar el conflicto, llegando incluso a rechazar intervenir en el *blitzkrieg* («guerra relámpago») dirigido por Hitler en los países del Este. La entrada de los alemanes en Praga en marzo de 1939 acaba por confirmar las advertencias de Churchill, para quien la política del *appea-*

sement ya no tiene cabida en el contexto internacional de la época. Gracias a su clarividencia, obtiene un apoyo cada vez mayor.

Los acontecimientos se precipitan cuando, el 3 de septiembre de 1939, Inglaterra y Francia le declaran la guerra a Alemania después de que esta invada Polonia. Ese mismo día, Chamberlain se da cuenta de que es necesario que Churchill vuelva al gobierno, y le nombra Primer Lord del Almirantazgo, un puesto que ocupaba durante la Primera Guerra Mundial. En ese momento, Chamberlain aún confía en la resolución del conflicto: imagina una guerra corta, sin enfrentamiento directo, pensando que Alemania comprenderá enseguida que no puede competir con Inglaterra y con Francia. Solo Churchill considera que el país ha entrado realmente en guerra y anima a todos a luchar por la victoria.

«*WINSTON IS BACK*»

Se dice que, cuando Churchill vuelve a liderar la flota británica, se habría enviado el mensaje «*Winston is back*» a todos los navíos. Pero este telegrama nunca se ha encontrado, y muchos creen que nunca existió. Por tanto, sería una leyenda inventada por los marinos que admiraban a Churchill.

En abril de 1940, Alemania decide invadir Dinamarca y Noruega, cuya posición estratégica le daría una gran ventaja, principalmente gracias a su salida al mar, que le permitiría proteger sus cargamentos de mineral de hierro procedente de Suecia e indispensable para la economía de guerra. Las tropas franco-británicas presentes en Noruega se ven obligadas a retirarse a finales de mes, aunque los combates continúan en esta zona de Europa. El fracaso de los Aliados a la hora de proteger estos territorios desacredita al primer ministro británico, cuya edad avanzada ya había suscitado algunas dudas. A principios de mayo, el Gobierno se reúne en torno a este asunto para definir qué es lo que le conviene hacer. Cuando se plantea la sucesión, muchos diputados apoyan a Edward Wood (1881-1959), conde de Halifax. Pero este rechaza el puesto y, como los laboristas no quieren formar parte de un gobierno de coalición dirigido por Chamberlain, solo queda Churchill para tomar el poder, y eso a pesar de la desconfianza que suscita. Al principio de su mandato, está lejos de lograr la unanimidad y necesitará varias semanas para obtener el apoyo de los conservadores. Pero él parece muy seguro de sí mismo: «Por fin tuve la autoridad de impartir las órdenes en todos los ámbitos. Sentí que caminaba con el destino y que toda mi vida pasada no había sido más que una preparación para este momento y para esta prueba»[4] (Calder 1972, 89).

Tras su nombramiento, forma un gobierno de coalición que quiere representar la unión del país en el conflicto. El discurso que pronuncia ese día ante la Cámara de los Comunes manifiesta la pugnacidad y el deseo inquebrantable que animan al nuevo jefe de Gobierno: «No tengo nada que ofrecer, salvo sangre, sudor y lágrimas» (Loza Aguerrebere 2014).

---

4. Cita traducida por 50Minutos.es

Churchill es un gran francófilo. En el colegio, las únicas clases que le interesaban realmente eran francés e historia. Este amor por Francia se hace visible en la Segunda Guerra Mundial a través de la absoluta confianza de Churchill sobre el ejército francés. En mayo de 1940, cuando la situación del continente es crítica, hace todo lo que está en su mano para mantener alta la moral de los Aliados: viaja varias veces a Francia, le pide ayuda al presidente estadounidense Franklin Roosevelt (1882-1945), piensa en todo tipo de planes para revertir la tendencia y dice estar listo para continuar con la guerra desde Canadá si Francia e Inglaterra cayeran derrotadas. Incluso después de que Francia firme el armisticio el 16 de junio, no la abandona e incita al pueblo a seguir luchando: «¡Franceses! ¡Recuperad vuestro espíritu antes de que sea demasiado tarde! [...] Nunca creeré que el alma de Francia haya muerto. Nunca creeré que haya perdido para siempre su lugar entre las naciones más grandes del mundo. [...] Tened confianza y mantened la esperanza [...]»[5] (discurso transmitido por radio el 21 de octubre de 1940, Churchill 2009, 170-175).

A Churchill le llega su momento de gloria durante el período que separa el mes de mayo de 1940, cuando Inglaterra

---

5. Cita traducida por 50Minutos.es

resiste en solitario a la Alemania nazi, y el mes de diciembre de ese mismo año, cuando los Estados Unidos entran en guerra tras el ataque de Pearl Harbor. Sin embargo, se trata de un período especialmente duro para el país, al que la resistencia le cuesta cara y que pierde muchos civiles en los bombardeos de la batalla de Inglaterra (agosto-octubre 1940). Pero la Royal Air Force está decidida a no dejarse llevar y responde con fuerza a los ataques alemanes. El primer ministro logra unir al pueblo a su alrededor. Aunque no le gusta especialmente la guerra, y menos aún la moderna, que le parece una guerra sucia, resulta ser eficaz en situaciones de combate, en especial gracias a su experiencia militar. Además, se responsabiliza por completo de sus actos y logra transmitir órdenes con claridad. Consciente de que está escribiendo una página de la historia, se da cuenta de la urgencia de la situación y piensa que es el único que puede salvar su país. Pocos se le oponen, excepto algunos antiguos partidarios del *appeasement*.

Foto que muestra los destrozos causados por el bombardeo de Londres.

Sin embargo, es difícil resistir a las fuerzas de Eje (alianza formada por Alemania e Italia) en solitario. En 1941, Churchill acude a los Estados Unidos y al presidente Roosevelt para buscar apoyo. Además, a pesar de la aversión de Churchill por los bolcheviques, sabe que no logrará vencer al Tercer Reich sin la ayuda del gigante ruso, con el que firma acuerdos en 1942. Gracias a estos dos grandes aliados y a las misiones realizadas con la ayuda de todos los beligerantes, Alemania es finalmente derrotada el 8 de mayo de 1945.

Poco antes de febrero, Roosevelt, Stalin y Churchill se encuentran en la conferencia de Yalta para reflexionar sobre la postguerra, pero la exclusión de Churchill de la vida política no le permite participar en las últimas conversaciones.

Winston Churchill, Franklin D. Roosevelt y Stalin en la conferencia de Yalta.

UN AUTOR PROLÍFICO

Escritor además de excepcional orador a pesar de sus problemas de elocución (le costaba pronunciar la letra «s»), Churchill comienza a escribir muy pronto. Su primera obra, *The Story of the Malakand Field Force* (1898), cuenta las peripecias del cuerpo expedicionario del que formó parte en India durante la represión de las tribus indígenas.

Winston Churchill escribiendo en su despacho.

Sigue escribiendo durante toda su vida y se dedica especialmente a la historia. Es autor de varias obras que tratan sobre hechos históricos, entre otros relacionados con la Primera Guerra Mundial, como es el caso de *The World Crisis* (cinco volúmenes, 1923-1931), o la Segunda Guerra Mundial, como *The Second World War* (seis volúmenes, 1945-1953), redactados con la ayuda de un equipo de investigadores y de redactores y que concibe como material para futuros historiadores. También está interesado por la historia a pequeña escala, y entre sus escritos destaca la biografía de su padre, editada en 1906 bajo el título de *Lord Randolph Churchill*, o la de su ancestro John Churchill Spencer, *Marlborough: His Life and Times*, publicada entre 1933 y 1938. Su carrera como autor se ve coronada en 1953 con la concesión del Premio Nobel de Literatura. Cabe destacar que su nombre aparece por primera vez entre los candidatos potenciales al Premio Nobel en 1946, tanto para el de Literatura como para el de la Paz. Cuando es finalmente elegido en 1953, mientras ha vuelto a ejercer el cargo de primer ministro, su elección va en contra de una regla tácita del jurado: la de no entrar en el juego político. Como su función le impide acudir a la entrega del premio, su esposa se desplaza para recoger la recompensa y leer su discurso.

REPERCUSIONES

Por último, la herencia que nos deja Churchill está muy centrada en su figura. De hecho, recordamos más al personaje que sus acciones, aunque algunas de ellas tuvieron importantes repercusiones. Por supuesto, entre ellas se encuentra la victoria contra la Alemania nazi, en la que sin duda alguna desempeña un papel decisivo. Además de su talento para animar a las tropas aliadas y su capacidad de dar esperanza incluso en las situaciones más desesperadas, pone en marcha algunas estrategias fructuosas. Gracias a él, Inglaterra, el único país que no fue ocupado, adquiere una imagen fuerte de territorio inexpugnable.

A nivel nacional, permite mejorar las condiciones de vida del pueblo inglés gracias a diversas medidas tomadas a lo largo de sus mandatos. Aunque vive una vida acomodada, al contrario de la que experimenta la clase obrera, se muestra sensible a su causa.

Es sobre todo al final de su vida cuando reflexiona conscientemente sobre lo que quiere dejar tras de sí. En este sentido, se asigna dos importantes misiones. La primera consiste en iluminar a sus contemporáneos con su experiencia de hombre de Estado y su discernimiento. Así, advierte al mundo entero sobre la URSS y la posibilidad de una tercera guerra mundial, y anima a que se forme una Europa unida. Esta idea, de hecho, ya aparecía antes en su carrera: defiende la posición de Aristide Briand (hombre político francés, 1862-1932) en lo relativo a la necesidad de poner en marcha una colaboración internacional desde el período de entreguerras. Sin embargo, considera que, aunque «está con Europa, [Inglaterra no formará plenamente] parte de ella»[6] (Bédarida 1999, 431). Su idea de paz internacional se inscribe más bien en una visión imperialista heredada de su educación, según la cual la paz solo es posible con un equilibrio entre las grandes potencias.

La segunda misión que se fija es participar en la escritura de la historia del siglo XX. A través de sus numerosas obras, descubrimos una síntesis de los grandes acontecimientos que tienen lugar en su época, acompañados de documentos inéditos pero también de un marcado sesgo. Crea una historiografía que le es propia, muy centrada en los grandes hombres que, según él, han construido la historia.

Si finalmente muchos tienen la sensación de que la huella dejada por Churchill no es muy profunda, esto puede deberse a que no tuvo la oportunidad de participar en la reconstrucción de Europa tras las dos guerras mundiales, perdiéndose así la ocasión de expresar sus ideas en el momento propicio. Se presenta, sobre todo, como un hombre oportunista, eficaz en el corazón de la acción, pero cuya impetuosidad e inconstancia no incitan a que sea escuchado en otras circunstancias.

---

6. Cita traducida por 50Minutos.es

EN RESUMEN

1874
30 nov.: nacimiento de Churchill

1908
Churchill es presidente del Board of Trade

1914
Inicio de la Primera Guerra Mundial Churchill es nombrado Primer Lord del Almirantazgo

1917
Churchill se retira del gobierno

1918
Fin de la Primera Guerra Mundial

1924
Churchill es canciller de la Hacienda

1939
Inicio de la Segunda Guerra Mundial

1940
Churchill se convierte en primer ministro

1945
Fin de la Segunda Guerra Mundial

1951
Churchill es reelegido

1955
Churchill cede su lugar a Anthony Eden

1965
24 en.: fallecimiento de Churchill

• Winston Churchill nace el 30 de noviembre de 1874. Él, que defenderá a lo largo de toda su carrera la sociedad democrática, crece en el seno de una familia aristocrática inglesa.

• Después de seguir una formación militar, Churchill participa en las grandes batallas coloniales de finales del siglo XIX en la India, en Sudán y en Sudáfrica. Resulta ser un hombre hecho para la acción, muy eficaz en situaciones de combate y que destaca por su temeridad.

• De vuelta a Inglaterra en 1900, se lanza a la política. Su carrera durará más de 50 años y está marcada por grandes éxitos, pero también por grandes fracasos que le valdrán ser apartado por un tiempo de la vida política. Comienza como un simple diputado y asciende rápidamente por los escalones del poder.

• Cuando estalla la Primera Guerra Mundial es nombrado Primer Lord del Almirantazgo y se le atribuye la dirección de la Royal Navy. Pero se le responsabiliza del fracaso de la expedición de los Dardanelos, que apoya con vehemencia, y esto precipita su caída. Se retira del Gobierno hasta 1917.

• Le nombran de nuevo Primero Lord del Almirantazgo a principios de la Segunda Guerra Mundial. Antes de acceder al puesto de primer ministro, Churchill se presenta como una de las figuras emblemáticas del conflicto. La combinación de su sentido estratégico y de su gran oratoria hace que se convierta en la punta de lanza de los Aliados.

• Pero el fin de la Segunda Guerra Mundial anuncia de nuevo su retirada de la escena política. Habrá que esperar hasta 1951 para que vuelva a surgir en el plano político.

Durante su segundo mandato, trabaja principalmente por una distensión internacional, aunque le frenan en su tarea los dos gigantes: el soviético y el estadounidense.

- Su salud empeora poco a poco, y se ve obligado a ceder su puesto a Anthony Eden en 1955, antes del fin de su mandato.

- Sus largos períodos alejados de la vida pública los aprovecha para dedicarse en cuerpo y alma a dos de sus pasiones: la pintura y la escritura. Mientras que la primera le proporciona una vía de escape, la segunda le permite dejar huella en la historia, tal como deseaba ardientemente.

- Fallece el 24 de enero de 1965, dejando tras de sí la imagen de un hombre de voluntad con un carácter aguerrido. Pero recordamos a Churchill, sobre todo, como un hombre entero, con grandes ideales, que sabía a dónde quería ir y que tenía la capacidad de ganarse a la multitud gracias a sus dotes de orador y a su carisma.

¡Tu opinión nos interesa!
¡Deja un comentario en la página web de tu librería en línea,
y comparte tus favoritos en las redes sociales!

PARA IR MÁS ALLÁ

FUENTES BIBLIOGRÁFICAS

- Bédarida, François. 1999. *Churchill*. París: Fayard.
- Broquet, Hervé, Catherine Lanneau y Simon Petermann. 2008. Les *100 discours qui ont marqué le XXe siècle*, 191-196. Waterloo: André Versaille.
- Calder, Angus. 1972. *L'Angleterre en guerre. 1939-1945*. París: Gallimard.
- Chastenet, Jacques. 1965. *Winston Churchill et l'Angleterre du XXe siècle*. París: Fayard.
- Churchill, Winston. 2009. *Discours de guerre*. París: Tallandier.
- Lépée, Denis. 2004. *Winston Churchill. Les 50 plus belles histoires de Winston Churchill*. Île de France: Timée-Éditions.
- Loza Aguerrebere, Rubén. 2014. "Sangre, sudor y lágrimas". En *El País*. Consultado el 15 de mayo de 2016. http://www.elpais.com.uy/opinion/sangre-sudor-lagrimas.html
- Mourre, Michel. 1998. "Churchill, sir Winston Leonard Spencer". En *Le petit Mourre. Dictionnaire de l'histoire*, 204. París: Larousse.

FUENTES COMPLEMENTARIAS

- Alkon, Paul K. 2006. *Winston Churchill's Imagination*. Lewisburg: Bucknell University Press.
- Assouline, Pierre. 2015. *À la recherche de Winston Churchill*. París: Perrin.

- Churchill, Winston. 1930. *My Early Life*. Londres: Thornton Butterworth.
- Churchill, Winston. 1969. *Triomphe et Tragédie: mémoires de guerre*. París: Éditions Rombaldi.
- Churchill Winston y Clémentine Churchill. 2013. *Conversations intimes. 1908-1964*. París: Tallandier.
- D'Este, Carlo. 2008. *Warlord: A Life of Winston Churchill at War. 1874-1945*. Nueva York: Harper Collins.
- Enright, Dominique. 2014. *Les sautes d'humour de Winston Churchill*. Lausana: Payot.
- Ferney, Frédéric. 2015. *Tu seras un raté mon fils! Churchill et son père*. París: Albin Michel.
- Kersaudy, François. 2009. *Winston Churchill: le pouvoir de l'imagination*. París: Tallandier.

FUENTES ICONOGRÁFICAS

- Retrato de Winston Churchill realizado por Yousuf Karsh.
- El Sr. y la Sra. Churchill, foto de 1915. © The New York Times.
- Invasión de Polonia en septiembre de 1939. © Press Agency photographer.
- Foto que muestra los destrozos causados por el bombardeo de Londres. © US Government.
- Winston Churchill, Franklin D. Roosevelt y Stalin en la conferencia de Yalta. La imagen reproducida está libre de derechos.
- Winston Churchill escribiendo en su despacho. La imagen reproducida está libre de derechos.

EMISIÓN RADIOFÓNICA, REPORTAJE Y PELÍCULA

- *Un jour dans l'Histoire: Churchill. Le Poids du père.* Emisión radiofónica de Laurent Dehossay. Bélgica: RTBF-La Première, 2015.
- *Retour aux sources : Churchill, un géant dans le siècle.* Reportaje de Élodie de Sélys. Bélgica: RTBF, 2014.
- *Winston Churchill: Walking with Destiny.* Dirigida por Richard Trank, con Ben Kingsley, Bryan McArdle y Doron Avraham. Estados Unidos, 2010.

EDIFICIOS CONMEMORATIVOS

- Blenheim Palace, en Oxfordshire, Gran Bretaña.
- Churchill War Rooms, rama del Imperial War Museum, en Londres, Gran Bretaña.
- La mansión de Chartwell, en Kent, Gran Bretaña.
- El National Churchill Museum, en Fulton, en Misuri, Estados Unidos.
- Su estatua en el Parliament Square, en Londres, Gran Bretaña.

¡APRENDER NUNCA ANTES FUE TAN RÁPIDO!

www.en50minutos.es